LA BATALLA DE EYLAU

El combate más sangriento
de las guerras napoleónicas

Por Michaël Antoine
En colaboración con Mélanie Mettra
Traducido por Elena Muñoz Galvez

Historia en50MINUTOS.es

LA BATALLA DE EYLAU

DATOS CLAVE

- **¿Cuándo?** El 8 de febrero de 1807.
- **¿Dónde?** En Eylau (antigua Prusia Oriental; actualmente Federación de Rusia).
- **¿Contexto?** La cuarta coalición contra la Francia napoleónica (1806-1807).
- **¿Beligerantes?** El Imperio francés contra el Imperio ruso y el Reino de Prusia.
- **¿Actores principales?**
  - Napoleón I, emperador francés (1769-1821).
  - Michel Ney, mariscal de Francia (1769-1815).
  - Levin August von Bennigsen, general alemán (1745-1826).
  - Anton Wilhelm von Lestocq, general prusiano (1738-1815).
- **¿Resultado?** Victoria francesa.
- **¿Víctimas?**
  - Bando francés: entre 15 000 y 25 000 muertos; no se conoce con precisión el número de heridos.
  - Bandos ruso y prusiano: entre 15 000 y 25 000 muertos; no se conoce con precisión el número de heridos.

INTRODUCCIÓN

La batalla de Eylau enfrenta al emperador francés Napoleón I con las fuerzas de la cuarta coalición. Este combate terrestre es uno de los más sangrientos de la era napoleónica. Las pérdidas sufridas por el bando del emperador, pese a ser considerado como vencedor al final de la batalla, son muy importantes.

En respuesta a la nueva organización que Napoleón I impone a los países alemanes, Inglaterra forma la cuarta coalición junto a Rusia, Prusia y Suecia. Esta alianza pretende obstaculizar la hegemonía de Francia sobre el resto de Europa. La guerra comienza con dos importantes éxitos franceses en Jena (Alemania) y en Auerstädt (Alemania), donde las tropas prusianas sufren una dura derrota. A continuación, se producen una serie de encuentros entre las tropas rusas y francesas en territorio polaco. Napoleón I no consigue tomar por sorpresa a los rusos, así que decide enfrentarse a ellos en un combate frontal en la planicie de Eylau, antes de que estos reciban refuerzos del destacamento prusiano del general Anton Wilhelm von Lestocq.

La batalla comienza en la madrugada del 8 de febrero de 1807. Los dos bandos intentan tomar al enemigo por la retaguardia, en unas condiciones climáticas muy difíciles marcadas por la nieve y un viento glacial. A lo largo del día, la situación sigue siendo incierta y los refuerzos que ambos bandos reciben no consiguen hacer inclinar la balanza en un sentido otro. Al caer la noche, llegan refuerzos franceses y el general alemán Levin August von Bennigsen decide abandonar el terreno. En ambos lados las pérdidas son extremadamente importantes y los franceses no obtienen ninguna ventaja estratégica de esta batalla.

CONTEXTO POLÍTICO Y SOCIAL

LA CUARTA COALICIÓN

La batalla de Eylau se inscribe en la guerra que enfrenta, entre 1806 y 1807, al Imperio francés con las fuerzas de la cuarta coalición. Esta alianza, liderada de nuevo por Inglaterra, busca combatir la influencia creciente de Francia por toda Europa. En efecto, Napoleón I sigue aumentando su influencia en las cortes europeas mediante una hábil táctica matrimonial y militar. No obstante, el elemento desencadenante de las hostilidades entre los aliados y Francia es la creación, tras la victoria francesa en la batalla de Austerlitz (2 de diciembre de 1805), de la Confederación del Rin en 1806. Esta reúne a una multitud de pequeños Estados alemanes y se encuentra, sin lugar a dudas, bajo influencia francesa. Así, en respuesta al aumento del poder del Imperio francés, Inglaterra, Suecia, Prusia y Rusia se alían y le declaran la guerra el 1 de octubre de 1806.

De 1793 a 1815, Francia tiene que hacer frente a siete coaliciones. Estas alianzas son consecuencia del miedo que tienen los dirigentes europeos conservadores a las ideas de la Francia revolucionaria y, después, napoleónica. La primera coalición se enfrenta a la Francia revolucionaria, mientras que las seis siguientes se oponen a los avances territoriales e ideológicos del emperador Napoleón I. Los países miembros son:

- primera coalición (1793-1797): Inglaterra, España, Rusia, Nápoles, Cerdeña, Prusia y Austria;
- segunda coalición (1799-1802): Inglaterra, Rusia, Austria, Turquía, las Dos Sicilias, Suecia y varios príncipes alemanes;
- tercera coalición (1805): Rusia, Austria y Suecia;
- cuarta coalición (1806-1807): Inglaterra, Prusia, Rusia y Suecia;
- quinta coalición (1809): Inglaterra y Austria;
- sexta coalición (1813-1814): Inglaterra, Rusia, Austria, Prusia, Suecia y varios príncipes alemanes;
- séptima coalición (1815): Inglaterra, Rusia, Prusia, Austria, Suecia, Países Bajos y varios príncipes alemanes.

ANTES DE LA BATALLA DE EYLAU: LA DERROTA PRUSIANA Y EL BLOQUEO CONTINENTAL

Los combates dan comienzo el 10 de octubre de 1806. Napoleón I se enfrenta a las tropas prusianas, las únicas presentes, ya que los ejércitos ruso y sueco están todavía en plena movilización. Gracias a una ventaja numérica nada despreciable y a las cualidades tácticas de los franceses, las tropas napoleónicas infligen a los prusianos dos reveses rotundos en las famosas batallas de Jena y Auerstädt (14 de octubre de 1806).

Las batallas de Jena y de Auerstädt tienen lugar durante las guerras de la cuarta coalición. Cuando comienza el conflicto, Prusia comete el error de no esperar a sus aliados rusos para enfrentarse a los franceses. Las tropas francesas amenazan pronto con envolver al ejército prusiano, y el rey de Prusia, Federico Guillermo III (1770-1840), decide batirse en retirada hacia Berlín en la noche del 13 al 14 de octubre de 1806. Federico Luis de Hohenlohe-Ingelfingen (general prusiano, 1746-1818) recibe la orden de organizar la retaguardia del ejército prusiano y se enfrenta de madrugada en Jena a las fuerzas de Napoleón I. Gracias al efecto sorpresa, los franceses destrozan a los prusianos a los que se enfrentan. La tropa vencida es tan grande que Napoleón I cree haber derrotado a la mayoría del ejército prusiano, pero este, respaldado por más de 50 000 hombres, se encuentra más al norte. En la noche del 13 al 14 de octubre, el mariscal francés Louis-Nicolas Davout (1770-1823) y sus 26 000 hombres son enviados a tomar por la retaguardia al ejército prusiano, con quien se topan en los alrededores de la ciudad de Auerstädt. La relación de fuerzas es favorable a los prusianos, pero los franceses resisten de forma admirable antes de atacar. Los prusianos pierden más de 15 000 hombres y 115 cañones en el campo de batalla. En la tarde del 14 de octubre de 1806, tras la doble victoria francesa, el ejército prusiano es neutralizado.

Con la ruptura del ejército prusiano, se abre la ruta hacia Berlín (entonces capital de Prusia). Las tropas francesas alcanzan la ciudad a finales del mes de octubre. El rey de Prusia Federico Guillermo III, que se ha refugiado al este con unos miles de hombres, espera la intervención de su aliado ruso. Este tarda en llegar, así que el soberano prusiano considera, por un instante, concertar una paz separada con Francia, pero pronto renuncia. Su aliado ruso le anima a proseguir la lucha como un solo pueblo. En cualquier caso, las condiciones de paz exigidas por Napoleón I son inadmisibles.

Entrada de Napoleón en Berlín, cuadro de Charles Meynier.

Antes de enfrentarse a los rusos, el emperador francés desea dañar a los ingleses, que se oponen a él desde su acceso al poder (1804). Las tropas inglesas no están a su alcance, así que decreta un bloqueo continental (21 de noviembre de 1806) para que la isla británica padezca hambre. Una vez puesta en marcha esta táctica, Napoleón I puede ocuparse de su enemigo ruso.

El bloqueo continental es una estrategia política, creada por Napoleón I, para arruinar a un país —en este caso Inglaterra, potencia manufacturera y comercial— cerrando las puertas del continente europeo a sus exportaciones. Este bloqueo continental, establecido por el decreto de Berlín del 21 de noviembre de 1806, prohíbe a los países europeos comerciar con Inglaterra. A largo plazo, el objetivo de esta política es arruinar las finanzas inglesas provocando superproducción, quiebras, desempleo y revueltas sociales. Para que esta estrategia funcione, Napoleón I hace vigilar las costas todavía abiertas al comercio inglés. Para ello, envía un destacamento armado a ocupar la Pomerania Sueca (región costera al norte de Alemania y de Polonia) y las ciudades hanseáticas (ciudades comerciales situadas a lo largo del mar Báltico). Una vez en marcha, el bloqueo supone un duro golpe para Inglaterra. Sus efectos se agravan aún más cuando Rusia aplica también esta política tras la firma del Tratado de Tilsit (7 de julio de 1807). Por fortuna para Inglaterra, el bloqueo continental afecta también a los países europeos. Inglaterra abastece al continente de varios productos, como el café, y pronto aparece el contrabando. Al final, Rusia no soporta más las privaciones: revoca el tratado de Tilsit en 1810 y reabre sus puertos a los barcos ingleses.

ACTORES PRINCIPALES

NAPOLEÓN I, EMPERADOR FRANCÉS

Napoleon en su despacho, cuadro de Jacques-Louis David, 1812.

Napoleón Bonaparte es un general francés convertido en el primer emperador de los franceses (del 18 de mayo de 1804 al 6 de abril de 1814 y del 20 de marzo de 1815 al 22 de junio de 1815).

Nace en Ajaccio en 1769, en el seno de una pequeña familia de la nobleza corsa sin riquezas, y recibe una educación militar en las escuelas de Brienne y de París. De formación artillero, se distingue como capitán de artillería durante el sitio de Tolón contra los ingleses (1793). Napoleón Bonaparte, ascendido a general, es un ferviente defensor de la República y de la Revolución (1789) —reprime con violencia una insurrección monárquica en octubre de 1795—. El general se aprovecha de la situación caótica que reina en Francia y de la popularidad que adquiere durante varias campañas victoriosas (entre ellas la campaña de Italia en 1796-1797 y su expedición a Egipto en 1798-1799), y toma el poder mediante un golpe de Estado en 1799. Es nombrado primer cónsul y dirige Francia durante cuatro años (periodo del Consulado) antes de convertirse en cónsul vitalicio, con el nombre de Napoleón I.

El 2 de diciembre de 1804, Napoleón I es proclamado emperador de los franceses por el papa Pío VII (1742-1823). Su popularidad se encuentra entonces en lo más alto. Desde ese momento, lleva a cabo una reorganización completa de Francia: crea una nueva administración centralizada, promulga un Código Civil, establece el control de la religión, etc. El emperador no duda en limitar las libertades en beneficio de su poder personal. En el plano exterior, su reinado está marcado por numerosas campañas militares. Con su deseo de constituir una Europa napoleónica, despertará la ira de las otras potencias contra Francia. Napoleón I es un verdadero genio militar que se pone al frente de sus tropas en cada campaña militar y que consigue triunfar frente a sus adversarios en numerosas ocasiones (en particular, en Austerlitz, en Jena, y en las difíciles y sangrientas batallas de Eylau y de Wagram de 1809). De esta forma, consigue controlar la mayor parte de Europa y coloca a varios miembros de su familia en los tronos europeos (José Bonaparte, 1768-1844, en el de Nápoles y después en el de España; Jerónimo Bonaparte, 1784-1860, en el de Westfalia en Alemania; Luis Bonaparte, 1778-1846, en el de Holanda y su cuñado Joaquín Murat, 1767-1815, en el de Nápoles). Aunque en diversas ocasiones impone la paz a sus enemigos, continúa siendo una amenaza para el conjunto de las monarquías europeas, que no dejan de hacerle la guerra.

En 1810, con el fin de asegurarse una descendencia y sellar una alianza con la casa de Austria, Napoleón I repudia a su esposa Josefina de Beauharnais (1763-1814) y se casa con la archiduquesa María Luisa de Habsburgo-Lorena (1791-1847). Un año después de su matrimonio, la nueva emperatriz da a luz al primer hijo legítimo de Napoleón. En 1812, las malas relaciones entre el zar Alejandro I (1777-1825) y Napoleón llevan al emperador a invadir Rusia (pese a que varios de sus allegados le aconsejaran no hacerlo). Esta campaña se torna en desastre para el emperador, que pierde la mayoría de su ejército y ve cómo el conjunto de las monarquías europeas retoma las armas contra él. En 1814 es derrotado por una nueva coalición y Napoleón I es enviado al exilio en la Isla de Elba, frente a las costas de Italia. Sin embargo, en la primavera de 1815 consigue escapar y retoma el poder, arrebatándole el trono al rey Luis XVIII (1755-1824). Comienza así la campaña de los Cien Días (del 20 de marzo al 22 de junio de 1815): Napoleón I se enfrenta a una nueva coalición de reinos europeos y es derrotado de forma definitiva en la batalla de Waterloo (1815). El emperador se ve forzado a abdicar y es deportado a la isla de Santa Elena (en medio del Atlántico Sur), donde fallece el 5 de mayo de 1821.

¿SABÍAS QUE...?

Los Cien Días designan el último periodo del reinado de Napoleón I (del 20 de marzo de 1815 al 22 de junio de 1815), durante el cual intenta restaurar el imperio. Tras escaparse de la isla de Elba donde había sido exiliado, desembarca en la Provenza, el 1 de marzo de 1815, acompañado de 700 hombres. Consigue sumar a su causa a los soldados franceses enviados para detenerle y levanta el entusiasmo de la población durante su marcha hacia París, donde llega el 20 de marzo de 1815. Tras la huida del rey Luis XVIII a Bélgica, Napoleón I se asegura el apoyo de la burguesía francesa mediante una constitución favorable. Sin embargo, una séptima coalición se alza en armas contra él y derrota al emperador durante la batalla de Waterloo. Por segunda vez, Napoleón I es obligado a abdicar y a exiliarse en la lejana isla de Santa Elena.

MICHEL NEY, MARISCAL FRANCÉS

Retrato de Michel Ney, cuadro de François Gérard.

Michel Ney es un mariscal de Francia que sirve bajo las órdenes del emperador Napoleón I. El emperador, que aprecia su coraje y su audacia, le apoda «le Brave des braves» («el valiente entre los valientes»).

Michel Ney nace en Saarlouis el 10 de enero de 1769. Con 19 años se alista en el ejército francés y pronto se convierte en suboficial y después en oficial. Tras distinguirse en varias ocasiones, como en la toma de la fortaleza de Wurtzburgo durante la campaña de Alemania de 1796, y la de Mannheim en marzo de 1799, es ascendido a general de división en marzo de 1799. Pasa a integrar entonces el ejército de Helvetia (Suiza) y después el del Rin, donde se hace reparar por Napoleón I. Este, entonces primer cónsul, le nombra embajador con plenos poderes en la República Helvética, país que consigue pacificar en 1803.

Se convierte en allegado del emperador al casarse con una amiga de su nuera, Aglaé-Louise Auguié (1782-1854). En 1804, Michel Ney es ascendido a mariscal del imperio. Al año siguiente, se distingue en Elchingen (Baviera) al derrotar a los ejércitos austriacos, quienes se replegarán en la ciudad de Ulm; la ciudad capitulará unos días más tarde. En agradecimiento y recuerdo de la importante victoria de Elchingen, Napoleón le concede el título de duque de Elchingen en 1808. Michel Ney, el más fiel de los seguidores de Napoleón, toma parte en diversas victorias napoleónicas contra los reinos adversarios. En 1806, está presente en Jena y después en Eylau, donde su participación determina la suerte de la batalla. Tras una nueva victoria decisiva en Friedland (1807), el mariscal es enviado a España para luchar contra la población hostil a la ocupación francesa.

En 1812, Michel Ney participa en la campaña de Rusia. En la sangrienta retirada que tiene lugar durante el invierno, manifiesta de nuevo un coraje extraordinario al liderar la retaguardia francesa. Sin embargo, durante la campaña de defensa contra las fuerzas aliadas en Alemania, es derrotado en Dennewitz (6 de septiembre de 1813) y resulta herido durante la batalla de Leipzig ese mismo año. Pese a que participa en la campaña de Francia, Michel Ney primero urge al emperador a abdicar y después lo abandona para sumarse al bando del rey Luis XVIII. Cuando Napoleón I se escapa de la isla de Elba en 1815 para retomar Francia, el rey encarga su detención a Michel Ney, quien le promete llevarle al antiguo emperador «en una jaula de hierro» (Roberts 2016, 288). Cuando Napoleón y Michel Ney se reencuentran, las tropas del mariscal le abandonan para unirse al bando del emperador. El mariscal se ve entonces forzado a unirse a las filas del emperador, aunque este le guardará rencor por su comportamiento. Así, Napoleón I solo vuelve a llamar al mariscal en la víspera del enfrentamiento decisivo en Waterloo. Durante la batalla, Michel Ney comete numerosos errores e intenta en vano hacerse matar. Poco después de la derrota de Napoleón I, es detenido y juzgado delante de un tribunal por haber traicionado a Luis XVIII. Michel Ney es condenado a muerte y, el 7 de diciembre de 1815, es fusilado en París.

LEVIN AUGUST VON BENNIGSEN, GENERAL ALEMÁN

Retrato de Levin August von Bennigsen.

El conde Levin August von Bennigsen es un oficial alemán convertido en general del ejército ruso, y que combatió en numerosas ocasiones las fuerzas de Napoleón I.

Oficial alemán, entra al servicio de la emperatriz de Rusia Catalina II (1729-1796) en 1773 y llama rápidamente su atención al destacar durante los combates contra los polacos. Con el ascenso al poder del zar Pablo I (1754-1801), Levin August von Bennigsen cae en desgracia y después participa en el complot que da lugar al asesinato del soberano. Cuando Alejandro I sube al trono, el oficial retoma el servicio en el ejército ruso. En 1806, se convierte en comandante en jefe de las tropas rusas. Pese a sus innegables cualidades estratégicas, termina perdiendo las batallas de Eylau y de Friedland.

De nuevo apartado del ejército en 1812, Levin August von Bennigsen vuelve a ser llamado en 1813 para dirigir el ejército ruso. Su conducta durante la batalla de Leipzig (gran batalla llamada «batalla de las Naciones») le vale la obtención del título de conde. Participa todavía en la campaña de los Cien Días contra Napoleón I, y termina su vida en Banteln (actual Alemania) en 1826.

ANTON WILHELM VON LESTOCQ, GENERAL PRUSIANO

Retrato de Anton Wilhelm von Lestocq.

Anton Wilhelm von Lestocq es un general de caballería prusiano que lucha contra Napoleón I durante la batalla de

Eylau.

Durante la guerra de los Siete Años (conflicto de alcance mundial que enfrenta, entre otros, al reino de Austria contra el reino de Prusia entre 1756 y 1763), participa en varias batallas en las que destaca en diversas ocasiones. También participa en misiones contra la Francia revolucionaria entre 1792 y 1795. Anton Wilhelm von Lestocq asciende poco a poco y, cuando es teniente general, lidera un cuerpo prusiano durante la guerra que enfrenta a la cuarta coalición con la Francia napoleónica. Después de que el ejército prusiano sea derrotado en octubre de 1806, se dirige a la batalla de Eylau para prestar ayuda a los rusos. Su repentina aparición en el campo de batalla permite resistir a las tropas rusas. Es condecorado con la Orden del Águila Negra por sus acciones durante el conflicto. Después, Anton Wilhelm von Lestocq ocupa todavía varias funciones importantes —se convierte en gobernador de Berlín en 1808 y en gobernador de Breslavia en 1814— antes de fallecer en enero de 1815 en Berlín.

ANÁLISIS DE LA BATALLA

UN TERRENO Y UNAS MANIOBRAS DIFÍCILES

Tras haber neutralizado a las tropas prusianas en octubre de 1806, el Gran Ejército de Napoleón I, dividido en varios cuerpos, avanza por Polonia para enfrentarse a los rusos. Las tropas rusas, dirigidas por el general Levin August von Bennigsen, avanzan discretamente por el norte de Polonia y, en enero de 1807, se encuentran con el cuerpo del mariscal francés Jean-Baptiste Bernadotte (1763-1844). Al enterarse, Napoleón I ordena a los cuerpos del mariscal Bernadotte y del mariscal Michel Ney replegarse sin entrar en combate. De esta forma, pretende atraer a las fuerzas rusas y atacarles por el flanco. Por desgracia para las tropas francesas, los rusos interceptan un mensaje destinado a Jean-Baptiste Bernadotte y se enteran del plan del emperador. Levin August von Bennigsen ordena a su vez la retirada. Así, las maniobras de ambos adversarios no desembocan en nada concreto.

Además, ni a Napoleón I ni al general Levin August von Bennigsen les gusta maniobrar en el territorio polaco. La región en la que se encuentran los dos bandos es poco favorable para los movimientos estratégicos: el campo de batalla comprende amplias llanuras, estanques y arroyos pantanosos, fango y nieve; por otra parte, es difícil garantizar el avituallamiento con los pocos pueblos que se encuentran en la zona, lo que impide toda maniobra estratégica.

El tiempo juega también en contra del emperador francés.

Napoleón I quiere atacar a los rusos, que no paran de escaquearse, antes de que se les unan las tropas prusianas del general Anton Wilhelm von Lestocq (formadas por unos 10 000 hombres).

Napoleón I sabe que no podrá sorprender a Levin August von Bennigsen con una maniobra inesperada, así que decide dirigir sus tropas hacia Königsberg, donde se encuentran las provisiones rusas. De esta forma, obliga a su adversario a intervenir: la batalla frontal es inevitable.

LAS FUERZAS PRESENTES DURANTE LA BATALLA

El general Levin August von Bennigsen sabe que los refuerzos prusianos tienen que llegar pronto. Así, el 7 de febrero de 1807 sitúa a sus 60 000 hombres y sus 240 piezas de artillería en la desnuda llanura de Eylau. El dispositivo ruso se dispone de manera que:

- los rusos disponen de un centro bien equipado y situado en lo alto,
- los extremos están poco protegidos.

De esta forma, espera obligar a los franceses a dirigir su ataque principal hacia el centro de la configuración militar. Ese mismo día, las tropas rusas ocupan el pueblo de Eylau, que es posteriormente tomado por las avanzadillas francesas tras violentos combates.

El grueso del ejército de Napoleón I llega al caer la tarde del 7 de febrero, tras varios días de largas marchas que lo han debilitado. Este ejército agrupa a 40 000 hombres y cuenta como máximo con 200 piezas de artillería. El emperador francés congrega a su ejército en los alrededores del pueblo de Eylau, coloca toda su artillería en la vanguardia del frente y mantiene provisiones para las tropas en el extremo del dispositivo francés. Mientras que el flanco derecho francés está especialmente bien protegido, el izquierdo está poco atendido porque Napoleón I cuenta con la inminente llegada de las tropas del mariscal Michel Ney (entre 9 000 y 10 000 hombres) para reforzar esta parte del dispositivo. El mariscal, unos días antes, había fingido una retirada para tender una trampa a los rusos y, ahora, da media vuelta para reunirse con las tropas de Napoleón I.

EL INICIO DE LA BATALLA

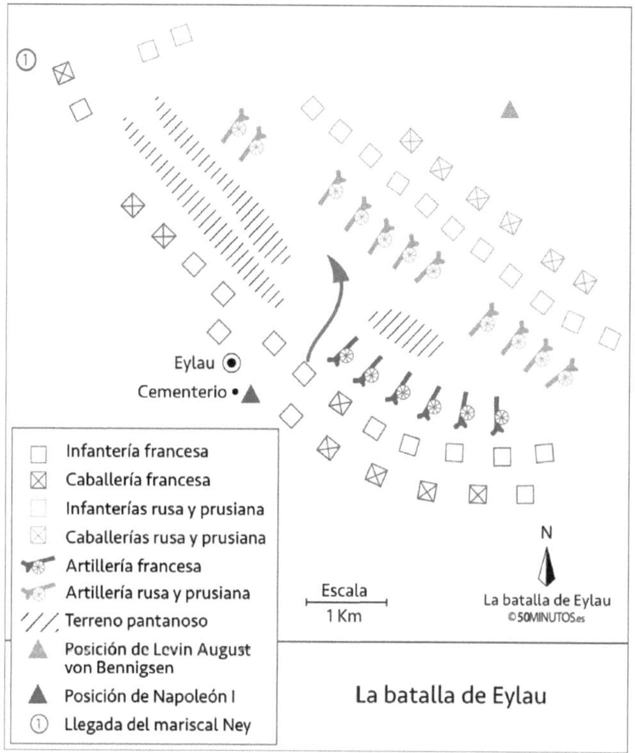

La batalla de Eylau

El 8 de febrero de 1807, entre las 7 y las 8 de la mañana, comienza la batalla de Eylau con un violento intercambio de artillería. Levin August von Bennigsen se da cuenta de la ausencia de Michel Ney y envía sus tropas al asalto del flanco izquierdo de Napoleón I. Al mismo tiempo que el ejército francés consigue a duras penas frenar el ataque, el emperador decide atacar a su vez el flanco izquierdo de las tropas rusas, que se ven rápidamente superadas. Los franceses consiguen sacar así algo de ventaja sobre sus adversarios. Con la situación a su favor, Napoleón I decide, sobre las 10 de la mañana, desplazar a los hombres del mariscal Pierre François Charles Augereau (1757-1816) hacia el centro del dispositivo ruso. Cuando se están avanzando los cañones para apoyar el desplazamiento de las tropas del mariscal sobre el campo de batalla, se produce una tempestad de nieve «tan espesa que no se veía nada a dos pasos de distancia»[1] (Le Moniteur Universel 1807). Con un viento que sopla de este a oeste, los franceses son los que más sufren por esta inclemencia del tiempo. Las tropas de Pierre François Charles Augereau no se dan cuenta de que se han desviado de su trayectoria inicial y, en lugar de encontrarse de frente con el centro del ejército ruso, atacan su flanco. Las consecuencias para las tropas del mariscal francés son desastrosas: su ataque es repelido por unos sesenta cañones rusos en un indescriptible desastre al que pone fin la caballería rusa. Esta acción cuesta la vida de 929 franceses, y más de 4271 hombres resultan heridos.

---

1. Cita traducida por 50Minutos.es

Napoleón en el campo de batalla de Eylau, cuadro de
Antoine-Jean Gros, 1807.

LA CARGA DE JOAQUÍN MURAT Y LA GUARDIA IMPERIAL

Tras la derrota del mariscal francés, la situación es crítica
para el emperador. Se ha abierto una brecha en el dispositivo
francés, situado al sur del pueblo de Eylau, a la altura del
cementerio. El general alemán Levin August von Bennigsen
ve entonces la oportunidad de dividir al ejército francés en
dos y ordena que su caballería y su infantería exploten esta
falla. Napoleón I intenta una acción desesperada y pide a la
caballería el reputado mariscal Joaquín Murat que vuelva a
atacar. Tiene lugar entonces una de las cargas más famosas
de la historia: la «carga de los 80 escuadrones» (Garnier

1987, 718) —aunque en realidad solo fueran 52— será inmortalizada por Honoré de Balzac (escritor francés, 1799-1850) en su novela *El coronel Chabert* (1832). Joaquín Murat, al frente de varios miles de hombres, consigue romper el asalto de las tropas rusas, que sufren por dos veces las cargas de los soldados de caballería franceses, y son aniquilados por completo. Al derrotar el centro del ejército ruso, el ejército napoleónico toma ventaja.

Sin embargo, el peligro todavía amenaza a los franceses. Mientras que los soldados de caballería de Joaquín Murat desmontan el contraataque ruso, una columna de unos 4000 soldados de infantería rusos alcanza el cementerio de Eylau, donde se encuentra el emperador francés y su Estado Mayor. Napoleón I dispone solo de unos pocos batallones de la Guardia Imperial para hacer frente a esta columna rusa. Se produce entonces un sangriento combate en el cementerio. Siguiendo las órdenes del general Jean Marie Pierre Dorsenne (1773-1812), los soldados de la Guardia solo emplean la bayoneta, una pequeña espada situada en el extremo del fusil que provoca graves daños. Casi todos los 4000 rusos mueren o son capturados.

¿Sabías que...?

La Guardia Imperial, unidad de élite del Imperio, debe su origen a la antigua guardia de los cónsules. Al convertirse en primer cónsul, Napoleón I crea la Guardia de los Cónsules, cuyo primer jefe es el futuro cuñado de Napoleón, Joaquín Murat. Este cuerpo especial cuenta inicialmente con 2089 hombres, tanto soldados de infantería como de caballería. Solo los soldados que se distinguen por su coraje tienen el derecho a integrar esta prestigiosa unidad encargada de la protección del emperador.

La Guardia de los Cónsules se transforma en la Guardia Imperial mediante el decreto del 10 de mayo de 1804. En lo sucesivo, el único jefe de este cuerpo es el emperador. Poco a poco, la Guardia, plenamente dedicada a Napoleón I, aumenta sus filas. Se divide en tres secciones:

- la Vieja Guardia, formada por los soldados más veteranos;
- la Guardia Media;
- la Joven Guardia.

En lo sucesivo, estará formada por unidades de infantería y de caballería, así como por unidades de artillería, de marinos y de zapadores.

La Guardia Imperial, reconocible por sus prestigiosos uniformes, pronto se convierte en una unidad de combate de gran importancia y en un modelo para toda tropa francesa. El emperador se instala en medio de la Guardia cuando participa en las campañas militares. Napoleón I no duda en hacer uso de ella en momentos decisivos o desesperados.

En su momento culminante, en 1814, la Guardia Imperial está formada por 112 000 hombres.

LA LLEGADA DE LOS REFUERZOS

Se consigue así sellar la brecha en el dispositivo francés. Napoleón I lamenta no contar con hombres suficientes para volver a lanzar una ofensiva sobre el centro del frente ruso, y deja a su potente flanco derecho, dirigido por el mariscal Louis Nicolas Davout, la tarea de intentar una maniobra para flanquear a las tropas rusas. Si esta acción tiene éxito, Napoleón I obtendrá la victoria en la batalla. Pero, sobre las 15:30 horas, se produce un nuevo cambio: el cuerpo prusiano del general Anton Wilhelm von Lestocq aparece cuando Louis Nicolas Davout se encuentra en plena acción. Cambia así el equilibrio de fuerzas y el mariscal francés se encuentra ahora en inferioridad numérica. Durante más de tres horas, Louis Nicolas Davout lucha a duras penas por mantener el flanco derecho del dispositivo francés. La intensa resistencia de sus hombres permite que el esperado mariscal Michel Ney llegue por fin al frente en torno a las 19 horas. Con la llegada de esta nueva amenaza y por miedo a que intervengan otros refuerzos franceses, Levin August von Bennigsen decide parar los combates y batirse en retirada al caer la noche. Así, Francia consigue la victoria.

El mariscal Ney en Eylau, cuadro de Richard Caton Woodville.

REPERCUSIONES DE LA BATALLA

EL RESULTADO DE LA BATALLA: LA INÚTIL MASACRE DE EYLAU

Los vencedores de la batalla de Eylau son los franceses, ya que el campo de batalla queda en sus manos. Pero, ¿a qué precio? Es difícil hablar de victoria cuando las pérdidas entre sus propias filas son casi tan numerosas como las del enemigo. Además, la batalla de Eylau no consigue acabar con el ejército ruso, que continúa siendo una amenaza para las tropas del emperador. El bando ruso también considera que ha obtenido una victoria. Al enterarse del número de pérdidas francesas, el zar Alejandro I lamenta que el general Levin August von Bennigsen eligiera la retirada.

Napoleón I, por su parte, es consciente del alcance de la masacre. Por primera vez en la historia de la Francia imperial, el emperador permanece en el campo de batalla durante ocho días. Pese a estar acostumbrado a visitar el campo de batalla tras los combates, Napoleón I queda impresionado por lo que ve: miles de hombres yacen todavía en la llanura de Eylau. Además, varios de sus generales figuran entre las víctimas:

- el mariscal Charles Pierre François Augereau está gravemente herido;
- los generales Jean Joseph Ange d'Hautpoul (1754-1807), Jacques Desjardin (1759-1807), Claude Corbineau (1772-1807), Nicolas Dahlmann (1769-1807), Pierre-Charles Lochet (1767-1807) y Louis-Prix Varé (1766-1807) han

muerto.

Al día siguiente de la batalla, Napoleón I escribe afligido: «un padre que pierde a sus hijos no saborea el triunfo de la victoria. Cuando el corazón habla, la gloria ya no ilusiona»[2] (Le Moniteur Universel 1807). Después, se niega a que se cante el *Te Deum* (himno cristiano que se entona en festividades como las victorias).

Tal es el número de heridos que no todos pueden ser atendidos. Dos días después de la batalla, más de 500 rusos mutilados siguen esperando ayuda. Los médicos y los camilleros están agotados ante la carga de trabajo.

También las tropas francesas están destrozadas después de lo que acaban de vivir. Cuando el emperador pasa revista a las tropas, algunos hombres gritan «Viva el emperador», pero otros proclaman «Viva la paz y viva Francia». Napoleón I hubiera querido perseguir a las tropas ruso-prusianas, pero el estado de fatiga de sus hombres y las dificultades de avituallamiento se lo impiden.

Habrá que esperar a la batalla de Friedland («tierra de paz» en alemán) para que el emperador francés consiga finalmente acabar con los rusos. Tras esta victoria, Napoleón I y Alejandro I firman en julio el Tratado de Tilsit, con el que se pone fin a la guerra entre Francia y la cuarta coalición, que por entonces está ya desmantelada. Destacan dos disposiciones del tratado:

---

2. Cita traducida por 50Minutos.es

- Rusia acepta aplicar el bloqueo continental contra los ingleses;
- el Reino de Prusia cede una gran parte de su territorio a Francia, quien aprovecha para crear o ampliar los Estados satélites (Ducado de Varsovia, Reino de Westfalia, etc.).

Se restablece así la paz sobre el continente europeo; aunque por poco tiempo, ya que una quinta coalición se alzará contra Francia en el año 1809.

EN RESUMEN

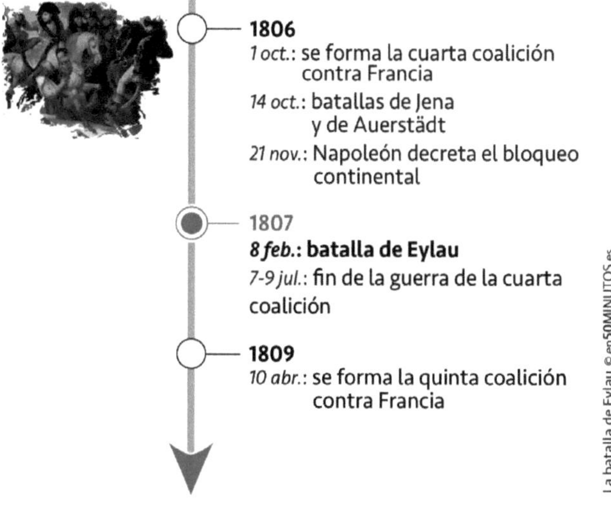

1806
1 oct.: se forma la cuarta coalición
 contra Francia
14 oct.: batallas de Jena
 y de Auerstädt
21 nov.: Napoleón decreta el bloqueo
 continental

1807
8 feb.: batalla de Eylau
7-9 jul.: fin de la guerra de la cuarta
coalición

1809
10 abr.: se forma la quinta coalición
 contra Francia

- En 1806, de nuevo amenazados por la hegemonía francesa en Europa, Inglaterra, Prusia, Rusia y Suecia forman la cuarta coalición con la misión de frenar a Napoleón I.
- En las batallas de Jena y de Auerstädt de 1806, las tropas francesas aniquilan a las tropas prusianas: se despeja así la ruta hacia la capital de Prusia.
- El 21 de noviembre, Napoleón I decreta un bloqueo continental para debilitar a su enemigo inglés. Una vez establecido, puede ocuparse de su adversario ruso.
- El ejército francés y el ejército ruso maniobran con dificultad en Polonia. Los combates dan comienzo en la madrugada del 8 de febrero de 1807 en la llanura de Eylau.

Al menos 60 000 rusos se enfrentan a 40 000 franceses.

- Al principio, la batalla gira en favor de los franceses, pero los rusos contraatacan y amenazan el centro del frente francés.
- Napoleón I, desesperado, ordena a la caballería de Joaquín Murat que repela al asaltante y consigue una victoria.
- Sin embargo, el centro del ejército francés sigue bajo amenaza. El emperador, que se encuentra allí, solo cuenta con unos pocos batallones para repeler a los 4000 soldados de infantería rusos.
- Con la llegada de los refuerzos prusianos liderados por Anton Wilhelm von Lestocq, se produce una última ofensiva. Unas horas después, es el mariscal Michel Ney quien presta su ayuda al ejército de Napoleón I.
- Al final, los rusos abandonan el combate al terminar el día. Las pérdidas son igual de numerosas en ambos bandos.

¡Tu opinión nos interesa!
¡Deja un comentario en la página web de tu librería en línea,
y comparte tus favoritos en las redes sociales!

PARA IR MÁS ALLÁ

FUENTES BIBLIOGRÁFICAS

- Delmas, Jean. 1992. *Histoire militaire de la France. De 1715 à 1871*. París: PUF.
- Fierro, Alfred, André Palluel-Guillard y Jean Tulard. 2002. "Davout, Louis-Nicolas". En *Histoire et dictionnaire du Consulat et de l'Empire*. París: Robert Laffont.
- Fierro, Alfred, André Palluel-Guillard y Jean Tulard. 2002. "Ney, Michel". En *Histoire et dictionnaire du Consulat et de l'Empire*. París: Robert Laffont.
- Garnier, Jacques. 1987. "Bennigsen, Levi". En *Dictionnaire Napoléon*. París: Fayard.
- Garnier, Jacques. 1987. "Eylau". En *Dictionnaire Napoléon*. París: Fayard.
- Garnier, Jacques. 1987. "Lestocq, Anton Wilhelm de". En *Dictionnaire Napoléon*. París: Fayard.
- Garnier, Paul. 1987. "La campagne de Pologne de 1807". En *Dictionnaire Napoléon*. París: Fayard.
- Le Moniteur Universel. 1807. *Bulletin de la Grande Armée*, n.º 58. 9 de febrero.
- Lentz, Thierry. 2002. *Nouvelle histoire du Premier Empire. Napoléon et la conquête de l'Europe: 1804-1810*, tomo 3. París: Fayard.
- Ley, Francis. 1987. "Alexandre Ier". En *Dictionnaire Napoléon*. París: Fayard.
- Mascilli Migliorini, Luigi. 2004. *Napoléon*. París: Perrin.
- Roberts, Andrew. 2016. *Napoleón. Una vida*. Madrid: Palabra, colección *Ayer y hoy de la historia*.
- Tranié, Jean. 1987. "Garde impériale". En *Dictionnaire*

Napoléon. París: Fayard.

- Tulard, Jean. 2006. *Napoléon. Les grands moments d'un destin*. París: Fayard.
- Vallaud, Dominique. 1995. "Traité de Tilsit". En *Dictionnaire historique*. París: Fayard.

FUENTES COMPLEMENTARIAS

- Bennigsen. Levin. 1907-1908. *Mémoires*. París: H. Charles Lavauzelle.
- Bertaud, Jean-Paul. 2005. "Napoléon journaliste: des bulletins de la gloire". *Le Temps des médias,* n.º 4, 10-21. París: Éditions Monde Nouveau.
- Charrier, Pierre. 2005. *Le Maréchal Davout*. París: Éditions Nouveau Monde y Fondation Napoléon.
- Fondation Napoléon, "Campagne de Pologne, Eylau (8 février 1807)". Consultado el 8 de febrero de 2017. http://www.napoleon.org/fr/search.asp?q=campagne%20 de%20 pologne
- Garnier, Jacques. 2004. "Eylau". En *Dictionnaire des querres et batailles de l'histoire de France*. París: Perrin.
- Garnier, Jacques y Vincent Rolin. 2011. *Eylau: 8 février 1807, la charge héroïque*. París: Éditions Soteca.
- Hulot, Frédéric. 2000. *Le Maréchal Ney*. París: Pygmalion Éditions.
- Hulot, Frédéric. 1998. *Murat: la chevauchée fantastique*. París: Pygmalion-Gérard Watelet.
- Joffrin, Laurent. 2000. *Les Batailles de Napoléon*. París: Seuil.
- Jourquin, Jacques. 2001. *Dictionnaire des maréchaux du premier empire*. París: Éditions Christians-Jas.

- Keroutret, Michel. 2009. *Napoléon Bonaparte. Correspondance générale. VI. Vers le Grand Empire. 1806.* París: Fayard.
- Keroutret, Michel y Gabriel Madec. 2010. *Napoléon Bonaparte. Correspondance générale. VII. Tilsit, l'apogée de l'Empire. 1807.* París: Fayard.
- Molières, Michel y Alfred Umhey. 2003. "La Campagne de 1807. Eylau, Pultusk, Golymn, Friedland. Napoléon et la campagne de Pologne. La guerre d'hiver. Le traité de Tilsit". *Tradition magazine*, edición especial n.° 27. 20 de septiembre.
- Perret, Irène. 2009. "Réception critique de Napoléon sur le champ de bataille d'Eylau d'Antoine-Jean Gros sous le premier empire". *Napoleonica. La Revue*, n.° 4. París: Fondation Napoléon.
- Pigeard, Alain. 2002. *Dictionnaire de la Grande Armée.* París: Éditions Tallandier.
- Quintin, Danielle y Bernard Quintin. 2006. *La Tragédie d'Eylau. Dictionnaire biographique des officiers, sous-officiers et soldats tués ou blessés mortellement au combat.* París: Archives & Culture.
- Thiry, Jean. 1964. *Napoléon Bonaparte. Eylau, Friedland, Tilsit.* París: Éditions Berger-Levrault.
- Tranié, Jean. 1999. *L'Épopée napoléonienne: les grandes batailles.* París: Tallandier.

FUENTES ICONOGRÁFICAS

- *Entrada de Napoleón en Berlín*, cuadro de Charles Meynier. La imagen reproducida está libre de derechos.
- *Napoleon en su despacho*, cuadro de Jacques-Louis David,

1812. La imagen reproducida está libre de derechos.
- Retrato de Michel Ney, cuadro de François Gérard. La imagen reproducida está libre de derechos.
- Retrato de Levin August von Bennigsen. La imagen reproducida está libre de derechos.
- Retrato de Anton Wilhelm von Lestocq. La imagen reproducida está libre de derechos.
- Napoleón en el campo de batalla de Eylau, cuadro de Antoine-Jean Gros, 1807. La imagen reproducida está libre de derechos.
- El mariscal Ney en Eylau, cuadro de Richard Caton Woodville. La imagen reproducida está libre de derechos.

SERIE

- *Napoléon*. Miniserie dirigida por Yves Simoneau, con Christian Clavier, Gérard Depardieu y John Malkovitch. Francia, Alemania, Italia, Canadá, Estados Unidos, Reino Unido, Hungría, España y República Checa: A&E Television Networks, ASP Productions, GMT Productions, Great British Films, Kekchi Films Productions, KirchMedia, MA Films, Okko Productions, Spice Factory, Transfilm y Zweites Deutsches Fernsehen (ZDF), 2002.

NOVELAS

- de Balzac, Honoré. 1996. *El coronel Chabert*. Traducción de Mauro Fernández Alonso de Armiño. Madrid: Valdemar.

- Hugo, Victor. 1994. "El cementerio de Eylau". En *La leyenda de los siglos*. Traducción de José Manuel Losada Goya. Madrid: Ediciones Cátedra.

CUADRO

- Antoine-Jean Gros (pintor francés, 1771-1835). 1807. *Napoleón en el campo de batalla de Eylau.* París: Museo del Louvre.

MUSEOS Y EDIFICIOS CONMEMORATIVOS

- Monumento conmemorativo en Bagrationovsk (antiguamente Eylau), Rusia.
- Arco del Triunfo del Carrusel, levantado en conmemoración de las victorias militares de Napoleón I, en París, Francia.
- Arco del Triunfo en la plaza de l'Étoile, dedicada a las víctimas de las guerras de Napoleón I, en París, Francia.

¡APRENDER NUNCA ANTES FUE TAN RÁPIDO!

www.en50minutos.es